NOTES
ET
PIÈCES OFFICIELLES

Relatives aux évènemens de Marseille et de Toulon, en 1793;

PAR M. J. ABEILLE,

L'un des Députés de Marseille, à cette époque, auprès des Amiraux alliés croisant sur les Côtes de la Provence.

Le 8 juillet dernier, les députés de Toulon rappelant au Roi, avec les titres sacrés du malheur, les droits que cette ville, qui renfermait un si grand nombre de bons citoyens et de militaires respectables, avait à son estime à la fin de 1793, reçut de sa Majesté cette réponse à la fois expressive et touchante :

« Je me rappelle fort bien vos malheurs; il
» n'a pas tenu à moi de les empêcher ou de les
» partager. »

L'histoire des mouvemens de Marseille à l'époque qui a précédé et suivi l'occupation de Toulon, évènement que cette première ville avait ardemment provoqué comme moyen de salut et de restauration de la monarchie, a également été présente à la mémoire du Roi, et appréciée par son cœur paternel.

Sa Majesté en a donné la preuve aux députés de Marseille, qui ont porté à ses pieds le tribut de reconnaissance de leurs concitoyens pour le rétablissement de la franchise du port et du territoire de cette ville célèbre.

En lui rendant l'ancien régime commercial que réclamait l'intérêt bien entendu de l'Etat, ses habitans recevaient un bienfait. Le Roi pouvait penser comme quelques hommes, d'ailleurs très-éclairés qui, en se méprenant sur les avantages que Marseille produisait à la France entière, balançaient les opinions diverses qui s'agitaient dans le conseil suprême. Mais sa Majesté, portant dans cette discussion la justesse de raisonnement d'un esprit supérieur, décida comme son auguste aïeul ; et sentant néanmoins que son cœur influait sur sa pensée, sa réponse aux députés fut celle-ci : « *J'ai voulu récompenser cette ville fidèle des sentimens qui lui ont attiré tant de malheurs.* »

Ainsi, comme l'a dit le 12 novembre dernier l'estimable rédacteur de la Gazette de France, en rendant compte de la première notice pu-

bliée en juillet dernier par le soussigné : » Cette
» belle cité n'aura qu'à rappeler les pa-
» roles de sa Majesté, pour prouver *son an-*
» *tique et incontestable loyauté.* »

Ainsi se trouvent récompensés tous les citoyens de Marseille et des autres villes environnantes, qui ont montré tant de zèle et d'abandon à l'époque où les sections se remplissaient d'ennemis déclarés des régicides et des partisans de l'anarchie.

Ainsi se trouvent consolés les hommes courageux qui ont influé plus particulièrement sur l'opinion publique, et dont le dévouement a pu être méconnu. L'ignorance des faits et des mesures nécessairement secrètes qui furent prises dans le mois d'août de l'année que nous rappelons, ont causé, sans doute, cette erreur. Les pièces authentiques que le soussigné a conservées dans l'étranger et récemment recouvrées la répareront; elles ajouteront, d'ailleurs, aux renseignemens que l'histoire voudra recueillir, pour parler avec fidélité des principales circonstances de nos malheurs publics et des espérances si souvent trompées des plus ardens amis de la monarchie.

Celles de Marseille furent en 1793 cruellement déçues; mais on va juger s'il n'y avait pas lieu de les croire fondées.

Cette ville qu'une poignée de scélérats, dont

la plupart lui étaient étrangers, avaient entachée dans les fastes de la révolution, n'a cessé d'être fidèle à ses légitimes souverains et aux sentimens généreux; cette justice a été honorablement rappelée dans la proclamation de M. le marquis d'Albertas, préfet du département des Bouches-du-Rhône, à l'occasion de la réception faite à S. A. S. Madame la Duchesse d'Orléans. Certes ! aucune ville de France n'a surpassé Marseille dans ses transports spontanés à la première lueur de la restauration de la monarchie, qui s'annonça le 14 avril dernier. Un mouvement si expressif, si unanime, dispense de toute autre apologie la population qu'on a pu calomnier.

Comprimés par la terreur, les provençaux virent, dans les évènemens du 31 mai 1793, l'occasion de manifester hautement leur horreur pour le crime; mais, il faut le dire, l'éloignement que montrèrent, dès le commencement de nos troubles civils, les hommes distingués par leurs lumières, leurs vertus et leurs fortunes, pour l'exercice des fonctions publiques, donnant trop d'accès aux hommes médiocres ou engoués de la révolution, l'explosion ne parut pas d'abord décidément royaliste. Cette opinion prit naissance dans la conduite peu prononcée à cet égard, quoique louable d'ailleurs, des deux individus qui avaient fait partie, comme suppléans (1), de la députation de Provence aux états-généraux, et qui furent d'abord exclusivement chargés à Marseille de la direction du mouvement, dont l'effet devait produire la scission des provinces méridionales avec le gouvernement de Paris. Cependant les sections se remplirent de royalistes; l'administration du département (2), point central et naturel des opérations, fit des proclamations énergiques qui animèrent tous les cantons; une petite armée de citoyens recommandables par leur courage et par leur zèle, fut formée spontanément. Si on l'eut employée à rallier les hommes courageux qui se seraient présentés de Marseille à Lyon, cette importante partie de la France eût été bientôt comme les provinces de l'Ouest et de la Normandie, qui agissaient en même sens, hors de l'atteinte des factieux et de leur cruelle influence.

Malheureusement il n'en fut pas ainsi: plus d'un mois fut perdu en vaines excursions

(1) On leur a reproché, non sans raison, de n'avoir pas accepté une entrevue que leur demanda le général français Brunet, commandant l'armée d'Italie, qui a ensuite payé de sa tête ses sentimens royalistes.

(2) M. Descenne, ancien archiviste du Roi à la cour des Comptes de Provence, employé aujourd'hui au ministère de l'intérieur, en était le secrétaire-général.

du côté d'Arles, et pendant ce tems si précieux, les pays intermédiaires entre Marseille et Lyon, notamment Grenoble que le fameux Dubois-Crancé entraîna, furent subjugués par l'effet des trames ourdies dans ce repaire qu'on nommait la *Convention nationale*, et les menées de son principal satellite autour de Lyon.

Cependant plusieurs citoyens éclairés, secondés par quelques administrateurs courageux, imaginèrent le seul moyen qui pût faire prendre aux affaires une marche plus rapide, et préparer une résistance efficace. On déclara la guerre à la Convention; on proposa aux provinces insurgées contr'elle une assemblée qui se réunirait à Bourges, point central de la France; l'armée nommée départementale fut confiée à M. de Villeneuve-Tourette, officier de mérite, secondé dans son noble dévouement par le plus grand nombre des officiers provençaux, retirés ou éloignés forcément de leurs corps, qui marchèrent avec intrépidité, et auxquels se joignirent les compagnies des douaniers de Marseille, dont la bravoure fut distinguée.

L'opinion publique devenant toujours meilleure par l'influence des proclamations et des talens de quelques présidens et orateurs des sections, il fut proposé une réunion solennelle des corps administratifs du département des Bouches-du-Rhône, des présidens des sections de Marseille et de leur comité général. Dans cette nombreuse et respectable assemblée, le soussigné, ainsi que d'autres membres, firent sentir la nécessité d'adjoindre aux deux individus qui avaient capté la confiance du peuple, trois ou cinq autres personnes qui seraient reconnues propres à donner aux affaires une direction plus énergique, plus prononcée, plus propre enfin au succès de la bonne cause.

Cela eut lieu, mais malheureusement trop tard. Le 14 août seulement un comité, à qui des pouvoirs illimités furent confiés, se forma sous le nom de comité de sûreté générale (1). Le pre-

(1) Trois des membres de ce comité remplissent dans ce moment des fonctions publiques à Marseille. Ce sont MM. Raymond aîné, premier adjoint à la Mairie, Bruniquel, membre du conseil général du Département, et le soussigné, l'un des administrateurs des hospices. Ce dernier était alors et depuis deux mois président de la section Saint-Ferréol. La belle église qui portait ce nom a été démolie par les exécuteurs de la Convention, en haine de cette section qui s'y réunissait; d'autres beaux édifices ont eu le même sort. Plusieurs citoyens respectables encore existans se rappellent combien plusieurs de ces réunions étaient nombreuses et décentes, quelles sages opinions s'y manifestaient, avec quelle fermeté les mal intentionnés en furent peu à peu écartés ou réprimés, combien, pendant cette époque, les habitans de la ville et du département jouissaient de leur liberté si cruellement ravie depuis les

mier usage de sa puissance fut de rappeler l'attention du peuple vers ses antiques mœurs. Une procession générale fut ordonnée pour le lendemain 15 août, jour anniversaire du vœu religieux de Louis XIII; l'image de la Sainte-Vierge, qui repose dans l'église du Fort Notre-Dame de la Garde, fut portée processionnellement. Jamais, à aucune époque de l'histoire de Marseille, les sentimens religieux ne furent mieux exprimés par son entière population que dans cette auguste cérémonie.

Le comité fit ensuite des démarches pour rallier à lui les citoyens les plus énergiques et engager Toulon à agir de concert dans les mesures qu'il projetait; des députés furent envoyés à cet effet dans cette place importante, qui seule pouvait offrir un point d'appui aux escadres et aux troupes alliées.

Sur la correspondance de ces envoyés, MM. de Naillac et Bonnieu, chargés de combiner les opérations communes, d'autres députés, précurseurs de ceux de Toulon, où les méchans comprimaient encore la saine partie de la po-

excès révolutionnaires. Ils se rappellent aussi de combien de scélérats la terre fut purgée par les jugemens que rendit le tribunal qui fut alors institué pour punir d'infâmes assassins et leurs complices. Il en fut de même à Toulon, mais seulement après l'entrée des alliés.

pulation et de l'escadre, furent dirigés vers les flottes espagnole et anglaise qui croisaient sur le cap Sicié. Ce furent MM. Cézan et Labat; il leur fut remis les pouvoirs dont la teneur suit :

« Le comité de sûreté générale des sections
» de cette ville, en vertu des pouvoirs à nous
» confiés par les corps administratifs et prési-
» sidens des sections, charge les sieurs Cézan
» et Labat de se rendre auprès des escadres,
» et même jusqu'à Gênes, pour demander le
» libre passage des grains que la ville a dans
» les ports de Gênes et de Livourne.

» Le comité, autorisé par des pouvoirs illi-
» mités, s'en rapporte à la prudence, sagesse et
» lumières des sieurs Cézan et Labat, pour
» remplir leur mission à la satisfaction des
» habitans de Marseille; il espère qu'en récla-
» mant des secours des puissances étrangères,
» elles n'imposeront pas des conditions incom-
» patibles avec l'honneur; que bien convain-
» cues de la résolution inébranlable de leurs
» commettans de combattre et détruire l'anar-
» chie et les factieux, tous les hommes ver-
» tueux leur donneront des marques d'estime.»

Ces députés partirent le même jour, 20 août.

Le 22 au matin, la frégate anglaise *Némésis*, capitaine Wodley, se présenta devant Marseille avec pavillon parlementaire; elle avait à son bord cinquante-neuf prisonniers français.

Le comité se détermina à envoyer un de ses membres auprès de cette frégate; ce fut le soussigné, à qui de pleins-pouvoirs furent confiés pour donner plus de poids à la députation déjà partie, et agir simultanément, au besoin, auprès des deux escadres.

Cette journée du 22 se passa en correspondance entre le député, qui fut conduit à bord de la frégate, et ses collègues.

Il s'agissait d'abord de trouver les moyens de libérer pécuniairement plus de vingt cargaisons de blé que Marseille avait à Livourne et à Gênes, et de les faire venir sous la protection des anglais.

Feu M. Samatan, ce négociant de Marseille, si distingué par ses talens et sa loyauté, frappé en 1794 par les bourreaux de la France après un jugement qui lui inspira une fatale sécurité, remit à cet effet au comité une lettre de crédit illimité pour Gênes, en faveur du soussigné (1).

---

(1) Cette lettre devint inutile, le ministre républicain Tilly s'étant opposé, à Gênes; au départ des grains qui devaient alimenter les marseillais, nommés alors *rebelles*, et son opposition eut son effet.

Ensuite le comité suprême et la municipalité autorisèrent le député à garantir l'échange des cinquante-neuf prisonniers, dont le capitaine de la frégate anglaise lui accorda la liberté; ces prisonniers furent débarqués, et le comité pressa le soussigné de réclamer auprès des amiraux les secours que les circonstances rendaient toujours plus urgens; on lui envoya son domestique avec quelques hardes, et il ne songea plus qu'à remplir sa mission.

Le soussigné vit alors à regret l'indécision de Monseigneur le prince de Conti, à qui deux jours auparavant il avait offert, dans une visite nocturne faite sur son invitation, à sa prison au Fort Saint-Jean, de protéger sa retraite sur le vaisseau amiral espagnol, qui croisait sur les côtes de Provence. Les amis de ce prince doivent lui avoir souvent entendu regreter amèrement l'hésitation qu'il montra lors de cette proposition officieuse.

A la nuit, la frégate fit voile et joignit le lendemain l'amiral Hood, dont le capitaine Wodley avait fait présager les loyales dispositions; elles furent confirmées au soussigné par MM. Cézan et Labat, arrivés le 23 dans la nuit à bord du vaisseau le *Victory*, et par le major-général de l'escadre feu M. l'amiral Parker, ensuite par l'amiral lui-même, qui fit aux députés le plus honorable accueil. Cet amiral consentit au libre passage des grains d'Italie destinés pour Marseille, et adopta la proposition faite d'occuper tout de suite les îles voisines de Marseille, comme point de réfuge pour les habitans, en cas de revers de l'armée départementale dont le courage devait être ranimé par de promptes mesures que le vent contraire rendit vaines.

MM. Cézan et Labat venaient de faire une déclaration entièrement dans les principes de celle du soussigné, dont la teneur suit :

« A Son Excellence Mylord Hood, Com-
» mandant en chef l'armée navale de S. M. B.
» dans la Méditerranée.

» Mylord,

» Le soussigné a l'honneur d'offrir ses res-
» pects à Votre Excellence, et de mettre sous
» les yeux les pleins-pouvoirs qu'il a reçus du
» comité de sûreté-générale, dont il est
» membre.

» En ces deux qualités et en se référant à la
» déclaration qu'il a faite hier au capitaine
» Wodley, il s'empresse de confirmer les de-
» mandes que MM. Cézan et Labat, députés par

» ledit comité, ont eu l'honneur d'adresser ce
» matin à V. E. Elles contiennent l'expression
» des véritables sentimens et des vœux de tous
» les propriétaires et de tous les administra-
» teurs des communes du département des
» Bouches-du-Rhône, représentées par le co-
» mité de sûreté générale.

» V. E. approuvera, sans doute, que dans
» ces circonstances orageuses, les pouvoirs
» n'aient pas été donnés d'une manière plus
« explicite, et que les députés aient été char-
» gés d'en développer eux-mêmes l'étendue et
» le véritable sens.

» La ville de Marseille fait tous ses efforts
» pour repousser l'armée que les factieux de
» Paris ont envoyé contre elle. Sa position n'a-
» vait rien d'alarmant lorsqu'elle a envoyé le
» dix-sept de ce mois, à Toulon, MM. de
» Naillac et Bonnieu; mais depuis ce tems
» l'armée départementale a été forcée de se re-
» plier, et il est malheureusement probable
» que ses forces militaires sont inférieures à
» celles de ses ennemis.

» Après avoir exposé à V. E. les sentimens
» de ses commettans, le soussigné ose espérer
» que la grande et généreuse nation qu'elle re-
» présente si dignement, viendra au secours
» d'un pays malheureux qui peut, avec une

» assistance prompte, éloigner et détruire les
» brigands qui veulent l'opprimer.

» Si ce bonheur lui est réservé, si mes com-
» mettans peuvent conserver la liberté pour la-
» quelle ils combattent, ou la recouvrer s'ils
» ont le malheur de la perdre, je prends l'en-
» gagement, en leur nom, après avoir rendu
» hommage à Votre Magnanimité, de faire
» proclamer avec transport dans le départe-
» ment des Bouches-du-Rhône Louis XVII,
» fils de mon infortuné Roi Louis XVI, que
» tous les français vertueux n'ont cessé de pleu-
» rer, et de leur faire jurer soumission et fidé-
» lité à ce légitime chef de la monarchie fran-
» çaise.

» Fait à bord du vaisseau amiral de S. M. B.
» *Victory*, le 23 au soir du mois d'août 1793.

» *Signé* J. ABEILLE. »

L'amiral Hood fit ensuite connaître à Marseille et à Toulon une proclamation dont les
principes sont parfaitement conformes à ceux
qui, récemment, ont déterminé la conduite du
respectable maire de Bordeaux et des bordelais.
Il n'a manqué aux provençaux et aux lyonnais,
pour les égaler en bonheur, qu'une assistance
aussi unanime que celle de 1814. La gloire du
dévouement à leur souverain légitime, reven-

diquée par les royalistes de 1793, ne doit pas être obscurcie par les revers qu'ils ont éprouvés. Voici cette proclamation :

« Le très-honorable amiral Hood, comman-
» dant la flotte de Sa Majesté Britannique, aux
» habitans de Marseille et de Toulon.

» Français,

» Vous êtes depuis quatre ans travaillés par une
» révolution, qui a successivement amené sur
» vous tous les malheurs. Après avoir détruit le
» gouvernement, foulé aux pieds toutes les
» lois, assassiné la vertu, préconisé le crime,
» des factieux, parlant de liberté pour vous la
» ravir, de souveraineté du peuple pour do-
» miner eux-mêmes, de propriété pour les
« violer toutes, ont établi leur odieuse tyran-
» nie sur les débris d'un trône où fume encore
» le sang de votre légitime souverain. Les bras
» sont enlevés à l'agriculture ; votre numéraire
» a disparu ; votre commerce est anéanti ; une
» horrible famine vous menace : voilà le ta-
» bleau de vos maux. Il a dû affliger les Puis-
» sances coalisées ; elles n'ont vu de remède que
» dans le rétablissement de la monarchie.

» Je viens vous offrir les forces qui me sont
» confiées, pour épargner l'effusion du sang,

» pour écraser les factieux, rétablir l'harmonie
» et la tranquillité que leur détestable système
» menace de troubler dans toute l'Europe.

» Comptez sur la fidélité d'une nation fran-
» che; je viens de donner une preuve éclatante
» de sa loyauté. Plusieurs vaisseaux chargés de
» blé, venant de Gênes, arrivent dans vos
» ports, escortés par des vaisseaux anglais.

» Prononcez-vous donc, et je vais faire suc-
» céder des années de bonheur à quatre ans de
» servitude et de calamité.

» *Signé* Hood. »

Le lendemain 24 et les jours suivans, un député de la Ciotat et les députés de Toulon arrivèrent successivement à bord de l'amiral Hood, et confirmèrent au soussigné qui, depuis quinze jours, correspondait de Marseille secrètement par des émissaires avec M. l'amiral Trogoff, son ancien ami, dont la conduite fut si énergique et si bien mesurée (1), les bonnes dispositions de ce commandant de l'escadre française. Le résultat de ces négocia-

(1) L'un des capitaines des vaisseaux de l'escadre française, M. d'Imbert, était du nombre des députés de Toulon. Le soussigné traça sous sa dictée un tableau moral et matériel de l'escadre française, demandé par l'amiral anglais.

tions qui durèrent trois jours, et auxquelles tous les députés prirent beaucoup de part, fut l'entrée, le 28 août, des deux escadres anglaise et espagnole dans la rade de Toulon, et l'occupation de cette ville par les alliés (1). Le Moniteur du 9 septembre 1793, qui rendit compte des succès des troupes républicaines, renferme les détails précurseurs de l'évènement de Toulon, qui inspira à la Convention tant de terreur, et qui fut alors considéré dans toute l'Europe comme complètement décisif. Louis XVII fut proclamé. L'amiral Trogoff et les autorités civiles firent des conventions pour assurer au souverain légitime la restitution de tout ce que les alliés recevaient en dépôt pour

M. d'Imbert montra beaucoup d'ardeur et de courage lorsqu'il fut question de débarquer des troupes anglaises qu'il guida vers le fort la Malgue, opération difficile par l'opposition de ceux des commandans des vaisseaux et des forts qui méconnaissaient les ordres de l'amiral Trogoff.

(1) Le soussigné eut la consolation de trouver sa famille réunie à Toulon, bonheur d'autant plus grand, qu'un arrêté, signé Salicetti, Albite et Gasparin, rendu aussitôt l'entrée à Marseille du général Carteaux, confondit dans la proscription du soussigné tous les membres de sa famille, et ordonna la saisie de ses biens dont la déprédation, à Marseille seulement, a excédé cinq cent mille francs, valeur numéraire.

2

lui. Les fonctionnaires publics de Marseille et des pays voisins, qui se réunirent à Toulon avec un grand nombre de leurs concitoyens et les débris de l'armée départementale, trouvèrent un sûr asile dans son enceinte. Plût à Dieu que tant de victimes de leur étrange confiance dans les proclamations mensongères des oppresseurs de Marseille, eussent embrassé ce moyen si certain de salut!

La déclaration dont la teneur suit fut immédiatement envoyée au général Carteaux, de la part du comité général de Toulon:

« Si des exécutions souillent la ville de Mar-
» seille, deux députés que nous tenons en ôtage
» et les parens de deux autres subiront le même
» sort; trente mille anglais et espagnols secon-
» deront notre vengeance, elle sera terrible.
» Marseille et Toulon sont sous sa protec-
» tion. »

Dans ce tems, son Excellence l'amiral espagnol Langara, fit auprès de sa cour des démarches, qui sont préjugées par la lettre qu'il adressa au soussigné de la teneur suivante, datée de Toulon, le 5 septembre 1793:

« MONSIEUR,

» J'ai reçu la lettre que vous m'avez adressée,

» comme chargé des pouvoirs illimités de la
» ville de Marseille, pour demander le se-
» cours des escadres espagnole et anglaise, afin
» de délivrer cette ville de la tyrannie qui
» l'opprime. Desireux de favoriser une si bonne
» cause, je transmets votre lettre en original à
» Sa Majesté, afin qu'elle resolve ce qui sera de
» sa souveraine détermination. (1) »

Son Eminence le grand-maître de Malte, Emmanuel de Rohan, ce souverain si fidèlement attaché, si constamment dévoué à la France, écrivit au soussigné dans les termes suivans, le 5 décembre 1793:

« Vous m'avez, Monsieur, fait un vrai plai-
» sir de m'apprendre votre heureuse retraite à
» bord du *Victory*. Vous ne pouviez pas, dans
» une situation aussi critique, montrer plus
» de prévoyance, d'activité et de courage, ni
» trouver un plus sûr asile. J'ai lu avec intérêt
» la relation que vous m'avez adressée de
» tous les évènemens qui ont précédé et ac-

(1) M. de Missiessy, ancien capitaine des vaisseaux du Roi et brigadier des armées navales, fut nommé commissaire auprès de M. l'amiral espagnol qu'il suivit à Carthagènes après l'évacuation, et en obtint la considération et la confiance dont ses vertus et sa conduite étaient si dignes.

» compagné la révolution qui s'était faite à
» Marseille et à Toulon, et j'ai été bien touché
» de voir que la première de ces deux villes
» n'a pu avoir le même bonheur que l'autre.
» Je recevrai toujours volontiers les nouvelles
» que vous voudrez bien me faire parvenir par
» toutes les occasions qu'il y aura de Toulon,
» pour Gênes, Livourne ou Naples. Je n'ai
» point oublié les services que vous avez ren-
» dus à mon Ordre, ni la promesse (1) que
» j'ai faite de vous en accorder la décoration.
« J'attends avec empressement que le bon ordre
» soit rétabli en France, pour donner moi-
» même la communication du bref qui vous

---

(1) Cette promesse avait été faite à la fin de l'année 1792, à la demande du Chapitre de la langue d'Auvergne séant à Lyon. Elle était relative aux services du soussigné, comme membre du comité des députés extraordinaires du Commerce et des Manufactures de France, envoyés en septembre 1789 près le Roi et l'Assemblée constituante. Les efforts de ce Comité en faveur de l'ordre de Saint-Jean de Jérusalem, éclairèrent les législateurs, et firent avorter les projets de quelques-uns d'entre eux pour la spoliation des biens de cet Ordre, consommée ensuite par l'assemblée de 1792. S. E. le Grand-maître autorisa, le 23 juin 1794, le soussigné à prendre la décoration de son Ordre, et le bref en forme, constatant cette grâce, lui fut délivré le 8 juin 1795, dans les termes les plus honorables.

« est nécessaire, et j'aurai autant de satisfac-
» tion à vous l'envoyer, que j'en éprouve au-
» jourd'hui à vous assurer des sentimens d'es-
» time, avec lesquels je suis votre affectionné
» ami,

» *Le Grand-Maître*, Signé ROHAN. »

La cour de Turin et celle de Naples joignirent leurs efforts à ceux des espagnols et des
anglais, et l'on attendait à Toulon, avec S. A. R.
Monsieur (1), régent du royaume, les troupes au-
trichiennes du Milanais, pour le transport des-
quelles quatre vaisseaux de ligne et deux cent
cinquante bâtimens de transport furent envoyés au golfe de la Spezzia; ces troupes et celles
des alliés devaient être commandées par un général en chef autrichien, en vertu d'une convention passée à Londres, d'après laquelle six
mille anglais destinés pour Toulon furent con-
tremandés.

Pendant l'occupation des alliés, d'autres

---

(1) Une députation fut envoyée de Toulon auprès de
S. A. R. Monsieur, qui était alors en Allemagne, pour
le supplier de prendre possession de cette importante place
et d'en diriger les opérations. S. A. R. était déjà rendue
à Turin, lorsqu'elle apprit la malheureuse évacuation.
Une autre députation fut envoyée à M. de Castellane,
évêque de Toulon.

troupes espagnoles, piémontaises, anglaises et l'escadre de Naples avec des troupes de ce royaume, arrivèrent successivement ; elles fortifièrent et occupèrent les meilleures positions ; elles combattirent les troupes qu'on leur opposa. Dans ces combats le brave et loyal amiral espagnol Gravina fut blessé en reprenant une redoute, et l'armée fut privée de son brillant courage. Le général anglais Ohara, en voulant rallier sa troupe que la chaleur du combat emportait trop loin, après avoir enlevé un poste important, fut aussi blessé et transporté à Ollioules par les troupes républicaines. D'autres échecs militaires, et le retard des secours attendus (*retard évidemment causé par le changement de système d'une grande puissance continentale*) enfin l'enlèvement, après le plus opiniâtre et le plus sanglant combat, d'une position qui dominait la rade, et d'où l'on pouvait battre les vaisseaux, firent ordonner, après un conseil de guerre des généraux alliés, l'évacuation de Toulon, le 18 décembre 1793....., malheur affreux que S. M. vient de déplorer, de nouveau, dans sa réponse à la députation de Toulon, et dont les suites, si funestes d'ailleurs par nos irréparables pertes, ont retardé de vingt ans la restauration de la monarchie; elle paraissait si probable à cette époque où les lyonnais ont résisté si glorieusement, que les assiégeans eux-mêmes manquant de vivres devant Toulon, reconnurent l'impossibilité de s'y maintenir, si les alliés eussent tenu quinze jours de plus.

Le soussigné croit devoir, à cette occasion faire connaître, comme un rapprochement remarquable, l'extrait d'une lettre que vient de lui adresser Son Exc. lord Keith, commandant en chef l'escadre de S. M. B. devant Bordeaux, et qui, après l'entrée à Toulon des alliés, occupait le fort la Malgue, d'où cet intrépide amiral fit une sortie avec une partie de la garnison du fort, poussant l'épée dans les reins jusqu'à Ollioules, les troupes qui rodaient autour de Toulon. Cette lettre est datée de Bordeaux, le 13 juin présente année. Voici cet extrait :

« Je suis extrêmement sensible à votre sou-
» venir après un si long intervalle de tems ;
» comme vous, je ne saurais effacer de ma mé-
» moire nos transactions avec Marseille et
» Toulon, dans lesquelles vous prîtes une si
» honorable part, et dont le résultat fut si
» malheureux. Ce n'est, vous le voyez, qu'a-
» près vingt ans que nos efforts ont eu un plein
» succès. »

Quelle que soit la prévention avec laquelle on parle d'une nation rivale et long-tems ennemie, ce serait lâcheté que d'acquiescer à des opinions qui tendraient à ne pas rendre hommage aux actions louables, comme il serait absurde de ne pas condamner ce qui est digne de blâme; il est donc juste de rappeler les nobles procédés de lord Hood et de lord Minto, chargés de la confiance de S. M. B. Ces deux honorables chefs, dont le dernier fut ensuite vice-roi de Corse, ambassadeur à Vienne et gouverneur de l'Inde, ont cessé de vivre en mai et juin derniers; leur mémoire doit être chère à un grand nombre de provençaux, qui n'eurent qu'à se louer de leurs bons procédés. Lord Minto, alors connu sous le nom de sir Gilbert Elliot, fut envoyé par Sa Majesté Britannique à Toulon, comme commissaire adjoint à lord Hood. Chargé de grands pouvoirs, ce commissaire se montra digne de glorieuse mission par son zèle ardent pour la restauration de la monarchie (1), son humanité

---

(1) Quoiqu'on en aie pu dire, cette restauration parut autant desirée par les anglais en 1793, qu'à toute autre époque successive de notre histoire. Cette nation était trop éclairée pour ne pas être effrayée des dangers qu'entraînait le maintien d'un gouvernement désorganisateur. La

'et sa bienfaisance. Le soussigné, indépendamment des autres témoignages, peut affirmer que M. le commandeur de Linars, député d'un corps armé de gentilshommes français, alors à Bâle, faisant le service à cheval comme simples soldats, reçut de sir Gilbert Elliot, en sa présence, avec l'accueil le plus empressé, les lettres de crédit nécessaires pour subvenir aux frais de route de ce corps, dont M. de Linars faisait partie, et qui était attendu à Toulon. Nommé après l'évacuation de cette place vice-roi en Corse, tous les réfugiés français eurent à se louer des bons traitemens de sir Gilbert Elliot. Il rendait en toute occasion les services qui dépendaient de lui. Ce fut par sa protection que M. Delon, représentant feu M. Samatan, déjà cité dans cette notice, obtint à Tunis la restitution d'une très-forte somme sur la recommandation du soussigné qui, comme les autres français connus des commissaires ou capitaines anglais, invoquaient

---

proclamation de l'amiral Hood explique très-énergiquement cette pensée. Les évènemens de 1814 ont dû convaincre sur les intentions du gouvernement britannique, les personnes les plus prévenues. Il serait superflu de faire remarquer quels devaient être les vœux de l'Espagne, de Naples et de Turin, et la confiance que ces cours devaient inspirer aux royalistes.

rarement en vain la restitution de ce que leurs vaisseaux capturaient, lorsqu'il s'agissait de propriété d'émigrés. A cette époque, sir Gilbert Elliot écrivait au soussigné dans les termes suivans (1) :

« J'apprends avec chagrin les nouveaux
» malheurs que vous éprouvez à Saint-Domin-
» gue; vous ne devez pas douter du prix que
» nous avons toujours attaché, lord Hood et
» moi, aux services que vous avez rendus à la
» cause de votre malheureuse patrie, comme à
» celle de toutes les nations civilisées, et vous
» êtes, je l'espère, également persuadé de l'in-
» térêt que je prends à tout ce qui vous re-
» garde..... Je sens que je dois faire excep-
» tion à toutes les règles dans un cas qui
» vous intéresse de si près..... Si votre famille
» veut venir en Corse, elle sera bien reçue,

(1) Le soussigné, en quittant l'amiral Hood aux îles d'Hières, s'embarqua avec sir Gilbert Elliot sur une frégate qui les conduisait à Livourne. A quelques lieues de cette ville, la frégate naufragea sur un banc sous l'eau, et ne put s'en relever. Un Bâtiment anglais qui se trouvait à peu de distance, reçut sir Gilbert Elliot, M. de Boisgelin, chevalier de Malte, et le soussigné. Tout l'équipage fut également sauvé par des bateaux envoyés de Livourne. Le pilote fut pendu en Angleterre pour cette étrange faute, après un conseil de guerre.

» et je serai enchanté de vous prouver l'estime
» et l'attachement avec lequel, etc. »

Lord Hood, en faisant délivrer au soussigné un extrait en forme des pièces originales de la négociation relative à Marseille, remit la déclaration suivante signée de lui, et contre-signée de son secrétaire John Mc. Arthur :

« Le très-honorable Samuël lord Hood, vice-
» amiral, commandant en chef la flotte de Sa
» Majesté Britannique employée dans la Médi-
» terrannée ;
» Certifie à tous qu'il appartiendra, que
» M. Jean Abeille, ci-devant membre du co-
» mité de sûreté générale de Marseille, après
» avoir coopéré à envoyer des députés vers
» moi, comme membre de ce comité, est venu
» lui-même à bord du vaisseau de S. M. *Vic-*
» *tory,* où mon pavillon flottait le 25 août 1793,
» muni de pleins-pouvoirs pour traiter avec
» moi du rétablissement de la monarchie en
» France, et qu'il a, dans cette mission, par-
» faitement rempli les instructions de ses
» constituans, et manifesté le plus ardent desir
» pour le rétablissement de l'ordre dans les
» provinces méridionales de la France. En
» conséquence, je le recommande aux égards

» qu'il mérite, comme un véritable ami de
» Louis XVII et des puissances alliées. »

Sa Majesté Louis XVIII, alors Monsieur, Régent du royaume, informé de tous les évènemens du tems avec leurs circonstances, daigna faire délivrer au soussigné, de Vérone, une attestation honorable signée de sa main, et les personnes investies alors de la confiance de Monsieur lui donnèrent de sa part de nouveaux témoignages de bienveillance. Il en reçut de semblables de la cour d'Espagne par l'organe de son consul en Toscane, qui fut chargé de le consulter sur les intérêts de la maison de Bourbon en toute occasion. Tous les réfugiés de Toulon reçurent de la part de nos princes et des alliés les consolations qu'ils pouvaient raisonnablement attendre dans une infortune partagée par des milliers d'individus. Chaque vaisseau de guerre et marchand reçut autant de réfugiés qu'il pouvait en contenir, et les ordres les plus pressans furent envoyés en Italie et en Espagne pour faire arriver d'immenses provisions d'autant plus nécessaires que les mauvais tems retinrent long-tems la flotte et les marchands dans la baie des îles d'Hyères.

Le soussigné, possesseur des pièces authentiques relatées dans cette notice, les certifie conformes aux originaux, et en offre des extraits au besoin, s'ils peuvent servir à la connaissance exacte des évènemens de l'époque dont il s'agit.

Ils devaient produire le rétablissement de la monarchie, et ils ont été la cause des plus terribles maux; mais les villes dociles au joug de fer des révolutionnaires, telles que Paris et Nantes, ont-elles éprouvé moins d'horreurs?

Ces souvenirs rappellent les expressions d'un historien célèbre, en parlant du prétendant au trône de la Grande-Bretagne : *Que les hommes privés qui se plaignent de leurs infortunes, jettent les yeux sur ce prince;* et les nôtres, grand Dieu! à quelles épreuves la Providence a-t-elle mis leur courage et la sensibilité de leur ame! Au reste, dans de grandes convulsions politiques le bien résulte le plus souvent de l'excès du mal. La restauration aurait-elle eu lieu en 1814, sans les horribles suites de la campagne de Moscou?

Le soussigné s'arrête ici, malgré l'obligeante remarque du rédacteur de la Gazette de France, N°. 516; son dessein n'ayant été que de fournir à l'histoire le texte des réflexions et des développemens que cette partie de nos malheurs publics et privés inspireront, au moment où ils seront tous retracés par une plume fidèle et avec un talent digne d'un sujet si intéressant.

Cette notice constate suffisamment la primauté qui appartient d'abord à Marseille et aux villes voisines, et successivement à Toulon et à la très-grande majorité de la Provence, dans la conjuration du Midi, comme elle appartient, dans l'ouest, à la Vendée. Il a rempli ce devoir.

Elle indique quelles furent les puissances qui desiraient le plus sincèrement la restauration de la monarchie française, soit par sentiment, soit par intérêt. Il serait doux de penser qu'aucun autre que celui du respect pour l'autorité légitime et d'horreur pour les ennemis de l'ordre social, ne guide les cabinets des souverains; ils ont trop éprouvé le danger d'une opinion différente. Puisse cet exemple du continent servir de guide pour l'avenir et de conseil pour les possessions d'outre-mer! Le soussigné réitère cette réflexion déjà consignée dans son essai sur nos colonies, publié en 1805 (F°. 25) pour les malheureux colons blancs de St.-Domingue, et les navigateurs chrétiens que l'ordre de Malte protégeait seul. Voici comment il s'exprimait:

« L'Angleterre aurait dû concourir elle-
» même au rétablissement de la discipline à

» St.-Domingue; les puissances maritimes de-
» vraient voir avec effroi et un noble mépris
» des peuples sans civilisation opprimer les
» sujets de l'une d'entr'elles. Toute rivalité,
» toute haine devraient cesser quand il s'agit de
» venger un semblable affront, comme elles
» cessent quand on rencontre en mer, même
» pendant la guerre, un vaisseau ennemi prêt
» à s'engloutir, ou un voyageur occupé de dé-
» couvertes utiles, dont le résultat devient le
» domaine commun sur la sphère des connais-
» sances humaines. »

Puisse enfin notre belle patrie être consolée de tous les maux qui l'ont affligée sur les deux hémisphères! Ce bonheur pourrait-il être douteux, s'il dépend du Roi chéri et si désiré qui réunit dans sa personne auguste et à un si haut degré toutes les vertus et toutes les lumières que nos vœux pouvaient appeler?

 J. ABEILLE.

De l'Imprimerie de L.-P. SETIER fils.

www.ingramcontent.com/pod-product-compliance
Lightning Source LLC
Chambersburg PA
CBHW060604050426
42451CB00011B/2081